香港國際詩歌之夜 *2011*
INTERNATIONAL POETRY NIGHTS IN HONG KONG

編輯 Editors

方梓勳 Gilbert C. F. Fong

陳嘉恩 Shelby K. Y. Chan

柯夏智 Lucas Klein

何潔賢 Amy Ho Kit Yin

北島 Bei Dao

雷寄思・邦維希諾

Régis Bonvicino

目錄 Contents

Imagem impossível

Perfilados num muro
tratados como sub-ratos
na entrada da favela
alvejados

com disparos na cabeça
do silêncio ao urro
às favas,
falar, nunca

um sobrevivente
as balas roçaram sua nuca
o pássaro rajado
a única testemunha

Carros atravessam o túnel
vermelho, amarelo, verde
calçada estreita
um mendigo

entre a guia
raspa os farrapos
contra a parede
gira a cabeça

no prédio à esquerda,
um canteiro de espinhos
cinza
desaparece no espelho

*

Janela aberta
roupas, no pequeno varal
manhã úmida e fria
pichações no edifício

cheiro forte de dióxido
uma carroça com sucata
atravessa na faixa
o museu anuncia uma retrospectiva

os mendigos se abraçam
agachados
o farol abre
carros avançam na avenida

不可能的影像

在貧民窟的入口
靠牆站着
就像地下的老鼠
成了靶子

向頭部開槍
從寂靜到慘叫
這些傢伙
完蛋了

子彈擦肩而過
留下一個倖存者
花羽毛的鳥
唯一的見證者

汽車穿過隧道
赤橙黃綠
狹窄的人行道上
一個乞丐

靠着隧道的牆
撕扯破布
並使勁搖晃着
腦袋

左邊的建築物
花壇長滿荊棘
灰燼
在鏡子裏消失

*

窗子敞開
衣服，掛在細細的曬衣繩上
清晨潮濕寒冷
塗鴉滿牆

廢氣刺鼻
滿載的垃圾車
從街上駛過
博物館宣布回顧展

乞丐們蹲在地上
互相擁抱
車燈耀眼
車流奔馳

（姚風譯）

Image Impossible

Lined up against wall
trapped like rats
at favela's door
target practice

shots to head
silence, a roar
fellows fucked
over, up

survivor
bullet-strafed neck
striped bird
sole witness

*

Cars cross tunnel
amber, blue, brown
thin sidewalk
a beggar

in the gutter
scraps and rags
against the wall
turning heads

in building on left
bed of thorns
torn
disappears in mirror

*

Open window
clothes on clothes line
morning wet, cold
graffiti on walls

strong smell of exhaust
cart with junk
across the way
museum announces a retrospective

beggars embracing
in their squat
light goes green
cars advance

(Translated by Charles Bernstein)

Poema sério

Amar é verbo concreto
se conjuga úmido e ereto
na primeira pessoa do
plural a sós

é o único feito de nervos
Prescinde de formas fixas
Sem escrúpulos
ignora o próximo

não admite pretérito
perfeito ou futuro do presente
é sôfrego
admite no máximo volts

em seu êxtase agônico
é semissólido
Prescinde inclusive
desse papel anódino

嚴肅的詩

愛是一個具體的動詞
在濕潤和堅挺中變位
以第一人稱
變出孤單的複數

它獨一無二，用神經做成
它沒有固定的形狀
它用鐵石心腸
忽略身邊的人

既不接受過去時
也不接受現在將來時
它貪婪無比
只接受高伏特的電壓

在大悲大喜中
它呈半固體狀
也不屑
這首無關痛癢的詩歌

（姚風譯）

Serious Poem

To love is a concrete verb
conjugated wet and erect
in the first person
plural alone

it's the only one made with nerves
It lacks a definite shape
Shamelessly
it ignores its neighbor

it has no past
perfect or future of the present
it is avid
has the highest voltage

in its agonizing ecstasy
it is semi-solid
It even lacks
this insubstantial paper

(Translated by Odile Cisneros)

Tatuagem

Flávia, salve-se desse mundo na tatuagem,
eis algumas possibilidades:
olhos, cílios e rímel de Cleópatra
uma ave imóvel num relógio

árvores, antes que seja tarde
umas palavras: "a flor de plástico morre duas vezes"
o sexto dedo do panda
um morcego assassino da espécie *nureon*

o sol escuro de solaria
mosca negra, de tórax robusto, antenas agudas
qualquer cabeça num capuz
a flor de lótus

um velho se masturbando
diante de um túmulo
um boxeador de músculos flácidos
um índio da tribo Akuntsu

紋身

弗拉維婭，請在紋身中自救於這個世界
這是一些選擇：
克婁巴特拉的眼睛、睫毛和睫毛膏
鐘錶上一隻不飛的鳥

樹，為時未晚
如此說：「塑膠花會死兩次」
熊貓長出第六根指頭
蝙蝠殺手類似神經元無人駕駛飛機

被陽光遮蔽的太陽
黑蠅，強壯的胸甲，敏感的觸鬚
頭部套上帽兜
一朵荷花

對着一座墳墓
一個老翁在手淫
一個肌肉鬆弛的拳擊手
一個阿昆蘇部落的印第安人

（姚風譯）

14

Tattoo

Flavia, save yourself from this world in tattoos
you've got some choices:
Cleopatra's eyes, lashes, and mascara
a bird stuck in a clock

trees, while there still are some
some words: "plastic flowers far from home"
the sixth finger of the panda
a killer bat of the species drone

sun obscured by sunshine
black fly, stout chest, sharp antennae
a head in a hood
lotus flowers

old man masturbating
before sepulcher in Estonia
boxer's muscles procrastinating
an Akuntsu Indian of Rondônia

(Translated by Charles Bernstein)

Azulejo

Meu pai e minha mãe
mortos
ninguém
algum

um
duplo
silêncio
ininterrupto

cacos ásperos
que, agora,
num ato de acúmulo,
rejunto

藍瓷磚

我的父母
都死了
人人
都有這一天

先是一個
再加上一個
然後是不盡的
沉寂

瓷磚殘破不整
此刻，我以積聚的動作
把它們收集

（姚風譯）

Blue Tile

My pa & my ma
dead
no ones
some
one
double
silence
uninterrupted
jagged shards
that, now
by act of accumulation
I rejoin

(Translated by Charles Bernstein)

Caminho de hamster

Fedendo a cigarro e a mim mesmo
cruzo uma avenida
ao anoitecer
sirenes, carros

vozes abafadas
avenida larga e áspera
numa rua transversal
o cadáver de um cachorro

atropelado
rodas metálicas em ritmo lento
fedendo a esgotos e a mim mesmo
a um pouco de fogo, do isqueiro

fedendo como aquela maçã podre
fedendo a música estúpida
desses tempos
e a mim mesmo

o lixo recolhido exala
um cheiro nítido na calçada
fedendo a sapatos e a mim mesmo
a ratos, ao suor dos néons

a cadeiras e a mim mesmo
a notícias inúteis e a mim mesmo
fedendo sob a lua
narinas entupidas de gás carbônico

o som do motor do ônibus
fedendo as mesmas camisas
fedendo a miopia e a mim mesmo
fedendo a esquinas

exalando cheiros
fedendo a expectativas
que no entanto acabam
na próxima linha

倉鼠[1]之路

渾身煙臭，渾身我自己的臭味
我穿過街道
黃昏時分
警笛鳴響，車輛穿梭

聲音低沉
寬敞的大街，坑窪不平
十字路口
橫着一條死狗

它被撞死
金屬的車輪節奏緩慢
臭水渠的臭味，我自己的臭味
點火的臭味，打火機的臭味

臭味彌漫，是爛蘋果的臭味
是那個年代
可笑的音樂的臭味
是我自己的臭味

行人道上，收集的垃圾
散發出刺鼻的臭味
散發出破鞋和我自己的臭味
霓虹燈下散發出老鼠的臭味

散發出椅子和我自己的臭味
散發出無聊新聞和我自己的臭味
月光下
散發出鼻塞和二氧化碳的臭味

巴士轟鳴的引擎散發出臭味
襯衫散發出臭味
我兩眼近視，但我聞到自己的臭味

街角散發出
臭味
散發出期盼的臭味
而期盼
在下一行結束

（姚風譯）

譯者註：
1. 倉鼠，又名搬倉鼠，雖時常清理毛髮，但身上有難以消除的異味。
   倉鼠主要在夜間活動，視力差，只能模糊辨形。

The Hamster's Way

Stinking of cigarettes and of myself
I cross a street
at twilight
sirens, cars
muffled voices
wide, rough street
on a cross street
the body of a dead dog
hit by a car
metal wheels grinding slow pace
stinking of sewers and of myself
stinking a bit of the lighter's flame
stinking like that rotten apple
stinking of stupid songs
sung nowadays
and of myself
collected garbage gives off
a distinct smell on the street
stinking of shoes and of myself
of mice, of neon sweat
of chairs and of myself
of useless news and of myself
stinking under the moon
my nose stuffy from carbonic gas
the noise of the bus engine
stinking of the same shirts

stinking of myopia and of myself
stinking of street corners
giving off smells
stinking of hopes
which suddenly end
in the next strophe

(Translated by Odile Cisneros)

Extinção

O lobo-guará é manso
foge diante de qualquer ameaça
é solitário
avesso ao dia, tímido

detesta as cidades
para fugir do ataque
cada vez mais inevitável
dos cachorros

atravessa estradas
onde quase sempre é atropelado
onívoro, com mandíbulas fracas
come pássaros, ratos, ovos, frutas

às vezes, quando está perdido,
vasculha latas de lixo nas ruas
engasga ao mastigar garrafas
de plástico ou isopores

se corta e ou morre ao morder
lâmpadas fluorescentes
ou engolir fios elétricos
morre ao lamber inseticidas

ou restos de tinta
ou ao engolir remédios vencidos
ou seringas e agulhas
descartáveis

dócil, sem astúcia,
é facilmente capturado e morto
por traficantes de pele
quando então uiva

瀕臨滅絕

溫順的鬃狼[2]
一丁點恐嚇就會逃竄
孤獨的動物
膽小，怕光

它憎恨城市
它要逃避
狗群越來越多的
必然攻擊

他穿過公路
每次差點兒被軋死
雜食動物，沒有堅硬的下顎
食鳥類、老鼠、蛋類或水果

有時，當它迷失
就在街上的垃圾桶裏扒拉食物
它咀嚼塑膠瓶或者發泡膠
喉嚨會被卡住

他受傷，或者死去
一旦咬到熒光燈泡
吞嚥了電線
舔吃了殺蟲劑

誤食了廢棄的油漆

過期的藥品
或者一次性的
注射器和針頭

它溫順，不狡猾
很容易被捕獲
或在慘叫中
被皮毛販子殺死

（姚風譯）

譯者註：
2. *鬃狼：南美洲犬科動物，現已瀕臨滅絕。野外的鬃狼在夜晚捕食老*
  鼠、野兔、鳥或蛋類等。根據觀察，水果和植物佔其飲食的很大部
  分。詩人寫的是活動在城市裏的鬃狼。

Endangered

The maned wolf is tame
fleeing whenever threatened
he is a solitary creature
averse to sunlight, timid

he hates and avoids cities
to flee from the
increasingly inevitable
dog attacks

he crosses highways
and is almost always run over by cars
an omnivore with weak jaws
he feeds on birds, mice, eggs, and fruit

sometimes, when lost
he scavenges on garbage cans in the streets
choking on pieces of plastic
bottles or styrofoam he chewed on

he cuts himself or dies when biting
fluorescent lights
or swallowing electric wires
he dies from licking insecticides

or paint leftovers
or swallowing expired drugs
or disposable
syringes and needles

docile, guileless
he is easily captured and killed
by fur traffickers
when he then howls

(Translated by Odile Cisneros)

It's not looking great!

Cocaine, Kate
it's not looking great!
a Chanel deu aquele troco em você
a Burberry um adeus!

você precisa de uma ama de leite!
Desatenta, anoréxica
fumante, ateia
ateou fogo em sua carreira

pare de incensar esses merdinhas dos Strokes
sua filha se chama Lila Grace!
você está sozinha
hoje, numa clínica do Arizona

fora da plêiade!
as curvas de Karolina Kurkova
Diana Dondoe
devastadora, na capa da Vogue

the myth of fashion made flesh
a beleza camaleônica de
Amber Valletta
o sutiã de diamantes de Giselle

Tudo ruiu, Kate

vá para o inferno
ou para um mosteiro
rasgue seus cartões de crédito

a H&M trocou você
por Mariacarla Boscono
bella ragazza sexy
do calendário da Pirelli

que fazia boquete nos bosques
aceite!
a *raggazza* de Givenchy e do Cavalli
agora também da Stella McCartney

Siga, sentindo-se "drácula"!
Sua mosca cosmopolita!
Cocaine Kate,
it's not looking great!

這看起來不妙！

Kate[3]，吸毒
這看起來不妙！
Channel不再續約
Burberry也把你炒掉

你需要一個奶媽！
你恍惚，你厭食
你吸煙，你不信邪
你引火焚身，自毀前程

別向Strokes樂隊的那堆狗屎討好
你的女兒名叫Lila Grace!
現在你獨自一人
留在亞利桑那州的醫療所

你已經出局
身材惹火的Karolina Kurkova
豔壓群芳的Diana Dondoe
已登上Vogue封面

時尚神話由肉體造就
Amber Valletta搖首弄姿
Giselle挺起鑽石胸罩

一切都完了，Kate
下地獄吧

或者隱身修道院
在那裏剪掉你的信用卡

H＆M已把你換掉
改用Mariacarla Boscono
登上Pirelli攝影年曆上的
性感嬌娃

她曾在公園裏為人吹簫
認命吧！
儘管你曾被Givenchy和Cavalli寵愛
還有Stella McCartney

接着幹，像吸血鬼那樣！
你這隻大都會裏懵懂亂撞的蒼蠅！
Kate，吸毒
這看起來不妙！

（姚風譯）

譯者註：
3. Kate，即英國超級名模凱特‧摩絲（Kate Moss）。

It's not looking great!

Cocaine, Kate
it's not looking great!
Chanel bid you adieu
Burberry's iced you!
you need a wet nurse!
addled anorexic
atheistic nicotine maniac
your career's gonna burst
stop fawning that piece of shit from Strokes
your daughter's name is Lila Grace!
you're on your own now
doing rehab in Arizona
you're out of the Pleiades!
as curvaceous as Karolina Kurkova
Diana Dondoe
devastating, on the cover of Vogue
the myth of fashion made flesh
chameleon beauty of
Amber Valletta
Giselle's diamond bra
All's ruined, Kate
go straight to hell
or get to a nunnery
no credit cards to cover you
H&M has passed you by
for Mariacarla Boscono

sexy bella ragazza
from the calendar of Pirelli
who gets blown in the park
so get used to it!
Givenchy's and Cavalli's *ragazza*
and don't forget Stella McCartney's
So you feel like "Dracula"!
You cosmopolitan flame!
Cocaine Kate,
it's not looking great!

(Translated by Charles Bernstein and Maria do Carmo Zanini)

Moradores

Na ponta do túnel,
numa de suas saídas
para a avenida de edifícios altos,
onde há um canto,
pintado na parede
um detalhe de *Retirantes* de Candido
Portinari, óleo sobre concreto
sem lâmpada no teto,
os carros transitam sem parar
a mãe e seu bebê sentados
numa caixa de madeira
ao lado
um pescoço de
manequim feminino decepado—
um volume cinza
cinza talvez da tinta da caveira do bebê
no colo da mãe decora
a sala de visitas ao meio-dia
um sofá, real, verdadeiro
um par de caixas feito de cadeira
e mesa ao mesmo tempo
onde se compartilha monóxido
de carbono, aqui, um homem vadio
se dedica ao ócio
passageiros dos carros atiram
pontas de cigarro

na calça jeans e na blusa rosa
pendurados
nas tábuas soltas de um armário
varais
a lua cheia no quadro,
outra caveira, no colo do pai?

居民

在隧道一端的
一個出口
高樓林立的大道旁邊的
一個角落，水泥牆上
可看見油畫「移民」的局部
它出自波爾蒂納利[4]之手
沒有頂燈
川流的汽車呼嘯而過
一個女人和她的孩子
坐在
在一個木箱上
旁邊是
斷了脖子的
女人模型
灰濛濛的色調
也許是描畫母親懷中
孩子頭蓋骨的灰色
裝飾着中午的客廳
一個沙發，真實、真正的沙發
一對木箱子充當椅子
同時在桌子上
可共享一氧化碳
在這裏，一個流浪漢
百無聊賴
車上的乘客把煙屁股
扔向晾衣繩上的

牛仔褲和粉紅的襯衫
繩子固定在
一個木板拼湊的衣櫃上
畫中的圓月
另一個頭蓋骨，在父親懷中？

(姚風譯)

譯者註：

4. 波爾蒂納利（Candido Portinari，1903—1962)，巴西著名畫家，
   新現實主義畫派的代表人物。

Residents

At the end of the tunnel
at one of the exits leading
to the avenue lined with tall buildings,
where there's a painted
corner of a wall
a detail of Migrants by Candido
Portinari, oil on concrete
no ceiling light
cars constantly roaring by
a woman and a child sitting
on a wooden crate
next to
the neck of a
headless female mannequin
a gray shape,
gray perhaps from the paint of the child's
skull on the mother's lap, decorates
a waiting room at midday
a couch, a real one
two wooden crates form a chair
and table at once
where carbon monoxide is
shared, here, a vagrant
idles away
people in cars hurl
cigarette butts

on the jeans and pink blouse
hanging
from the loose planks of a wardrobe
clothesline
the full moon in the picture
another skull, on the father's lap?

(Translated by Odile Cisneros)

Página

Para fugir dos pássaros,
qualquer pio ou gárrulo,
e da língua bífida das lagartixas
a borboleta se disfarça,

e, ao pousar na haste
de um bico-de-papagaio,
expõe como disfarce
a malha cinza

que há na parte
debaixo de suas asas
toca-se pelas antenas
e se acasala

em pleno voo
uma borboleta vê
ao mesmo tempo
visão aguçada

a flor da azálea
o lixo real,
e o verdadeiro
desta página

此頁

為了逃避鳥
逃避任何啁啾或囀鳴
逃避舌頭分叉的蜥蜴
蝴蝶喬裝打扮

當它棲落在
攀枝花的枝條上
把翅膀上的灰斑點
當作偽裝

在它的翅膀下
有一部分可被
觸鬚碰觸
並在飛行時

進行交配
一隻蝴蝶
也具有
敏銳的視野

杜鵑花
映襯着垃圾
以及此頁的
真實

（姚風譯）

46

Page

To flee from the birds,
any chirp or warble,
and from the forked tongues of the lizards
the butterfly disguises itself

and, when it alights on the stem
of a parrot's beak plant,
takes as disguise
a grey net

which is under the wings
where they touch each other
with their antennae
to mate

in full flight
the butterfly sees
simultaneously
sharp-eyed

the azalea flower
the real trash,
and the truth
of this Page

(Translated by André Spears and Odile Cisneros)

Prosa

Um poema não se vende como música, não se vende
como quadro, como canção, ninguém dá um centavo,
uma fava, um poema não vive além de suas palavras, sóis
às avessas, não se vende como prosa, só como história
ou arremedo de poema, não se vende como ferro-velho,
pedaços de mangueira de um jardim, tambores de óleo
queimado, sequer um pintassilgo, cantando no aterro de
lixo ou a língua negra dos esgotos, que floresce algas,
não se vende como grafite, não se vende como foto, vídeo
ou filme de arte, não se vende como réplica ou post card,
mau negociante de inutilidades, me tenha impregnado da
praga das palavras

散文

一首詩不能像音樂那樣出售，不能像一幅畫、一首歌那樣
出售，沒有人會付錢，哪怕是他媽的一塊錢。一首詩不能
超越詞語存活，它是黑夜後面的太陽，它不能像散文那樣
出售，除非它講述一個故事或者是一首諷刺詩，它不能出
售，就像不能出售的廢鐵、花園裏的芒果樹碎木頭、燃燒
過的汽油桶油，它甚至不如一隻在垃圾填埋區歌唱的金翅
雀，或者下水道排出的黑糊糊的濁水，它不能像塗鴉、照
片、視頻或者藝術電影那樣出售，不能像明信片或者複製
品那樣出售。我是個糟糕的商人，做的是破爛的買賣，並
被詞語的瘟疫困擾。

（姚風譯）

Prose

A poem can't be sold like music can, can't be sold like a painting, like a song can, nobody gives a dime, a damn, a poem don't live beyond its words, its dark and backward suns, can't be sold like prose can, only as if it were a story or the mocking echo of a poem, can't be sold like junk can, chunks of mango tree in a garden (or fragments of a garden hose), vats of burnt oil, even like a goldfinch can, singing in a trash dump, the black tongue of the sewers, where algae bloom, can't be sold like graffiti can, like a photograph or video can, or any arty film, can't be sold like a print or card can. Me, I'm a lousy trader in worthless things, beset by a plague of words.

(Translated by Charles Bernstein)

Sem título
para Arkadii Dragomoshchenko

Quase ninguém vê
o que eu vejo nas palavras
bizantino iconoclasmo
o relógio marca meia-noite ou meio-dia?

a Susi está em transe
ouvindo música
cha rá rá cha rô
teatro da ralé

o sol brilha através das árvores
num dia de outono claro
o Brasil é uma selva onde
cobras devoram tortas na rua

zmei ediat znanie
onde putos andam nus
sob a sombra de ocás
e usam a madeira

para fazer jangadas arcaicas
um muro sujo é uma sala vip
o sarcófago corroído de Chernobyl
um mendigo poluindo a calçada

pés sobre os sacos de lixo
caem painas do céu da cidade
um Infiniti FX passa
em alta velocidade

無題

給*Arkadii Dragomoshchenko*

我在詞語中所見
幾乎無人看得見
拜占庭式的破舊立新
時鐘指向子夜還是正午？

蘇西邊聽音樂
邊發呆
沙拉拉沙嘍
討厭的劇院

陽光穿過樹林
一個晴朗的秋日
巴西是一片叢林
蛇在街頭吞噬蛋糕

zmei ediat znanie
男妓們光着屁股
走到巨樹的樹蔭下
利用樹木

製造原始的木筏
一面骯髒的牆：權作貴賓室
切爾諾貝利鏽蝕的石棺
一個乞丐污染着行人道

腳踩在垃圾袋上
木棉花從城市的天空飄落
一輛英菲尼迪FX
疾馳而過

（姚風譯）

Untitled

for Arkadii Dragomoshchenko

Almost no one sees
What I see in the words
byzantine iconoclasm
the clock reads midnight or mid-day?
Susi in a trance
hearing music
sha doo bie doo
scumbag theater
the sun shining through the trees
on a clear autumn day
Brazil is a jungle where snakes
devour cake on the streets
zmeiediatznanie
where male whores stroll naked
under the shade of the samauma
trees and use wood
to make primitive rafts
a dirty wall: the VIP room
Chernobyl's corroded sarcophagus
a beggar polluting the street
feet on garbage bags
kapok falls from the city sky
an Infiniti FX
whizzes by

(Translated by Odile Cisneros)

Talvez Seja Um PáÁssaro

Talvez seja um pássaro voando
talvez seja um minuto de silêncio
talvez seja o sol se escondendo
talvez o inverno não tenha
passado
talvez aqui seja uma esquina
talvez seja alguém se aproximando
talvez sejam vozes tempo e silêncio a sós
talvez seja a lua cheia que dilata a pupila
da noite
talvez não seja nada
ângulos adjacentes do nada
provavelmente um refugo
talvez seja o tempo
se dissolvendo
folhas da cor do cobre
aguardando o azul
talvez seja flor
atáxica
talvez seja um céu de dezembro
talvez esteja calada
acariciando o silêncio
dos estames
talvez seja um vento real
anêmonas expostas ao sol
talvez esta flor seja agave

talvez funcho
o azul neste ínterim brilhe
talvez seja só um botão
lilás
roído por dentro
talvez seja o sol se pondo

也許是一隻飛鳥

也許是一隻飛鳥掠過
也許是一分鐘的沉默
也許是太陽躲了起來
也許是冬天還沒有
過去
也許這裏是一個街角
也許某人正在走近
也許是聲音時間以及靜寂本身
也許是滿月擴大了黑夜的
瞳孔
也許甚麼也不是
而是與虛無接壤的角度
也許只是廢棄
也許是時間
正在溶解
古銅色的葉子
等待藍色
也許是月經失調的
鮮花
也許是一片十二月的天空
也許是沉默
愛撫生命線的
靜寂
也許是一陣真正的風
銀蓮花朝向太陽綻放
也許這朵花是龍舌蘭

也許是茴香
在其中閃爍的蔚藍
也許只是一個丁香的
花蕾
從內部被咬噬
也許是夕陽西下

（姚風譯）

Talvez

Might be a bird passing over
might be a moment of silence
might be the sun in hiding
might be winter hasn't
passed
might be a corner here
might be someone approaching
might be voices time and silence by itself
might be the full moon dilating night's
pupil
might be nothing
adjacent angles of nothing
maybe just waste
might the time
dissolving itself
copper-colored leaves
waiting for blue
might be an ataxic
flower
might be december sky
might be quiet
caressing the silence
of staments
might be a real wind
anemones open to the sun
might be the flower is agave

might be fennel
meanwhile blue shines
might be only a lilac
bud
gnawed from within
might be the setting sun

(Translated by Michael Palmer)

A Luz

A luz do poste
acesa
ao lado de folhas
queimadas
manhã
quando
o sono obsoleto
das coisas ao vento
frio
se apaga

光

路燈
點燃
旁邊，燒掉的
樹葉
早晨來臨
萬物
過時的睡眠
在寒風中
消失

（姚風譯）

The Light

Streetlight
lit
beside burnt
leaves
morning when
the obsolete sleep
of things in the cold
wind
turns off

(Translated by Michael Palmer)

生於1955年，現居於聖保羅。迄今已創作十二部詩集，翻譯了多部詩集並主編一部面向美國讀者的巴西當代詩歌選集。其詩作張力十足，激情飽滿，講究以技巧來營造詩意，既盈溢自然意象，也對城市空間，尤其是聖保羅，進行了反烏托邦式的刻畫。其作品包括詩集選《迄今為止》、詩集《孤頁》、《蝴蝶的骨骸》、《33首詩》、《更多伴侶》、《宇宙的內疚》，以及兒童讀物《詞語動物園》。作品《之間》還配以多位插畫家如蘇珊·比、漢姆拉·阿巴斯、荷西·伊羅拉與塔佳娜·多爾的作品。詩歌作品曾被多位詩壇名家（包括邁克·帕爾瑪、羅伯特·克瑞利等人）譯成英文，收入名為《蝕》的詩集（2000年由Green Interger出版社出版）。他還翻譯主編了阿根廷詩人歐利維利奧·吉隆多的作品，並曾翻譯法國詩人儒勒·拉弗格、美國詩人羅伯特·克瑞利、查爾斯·伯恩斯坦、邁克·帕爾瑪、道格拉斯·梅舍利，以及中國詩人北島和姚風的詩作，並編輯了巴西本土作家保羅·雷明斯基的書信集，以及卡洛斯·特魯蒙德·德·安德拉德、德西奧·皮納塔里、若昂·德·梅洛·內托的作品集。他與查爾斯·伯恩斯坦和奧迪勒·西斯那羅斯共同擔任Sibila雜誌的主編。其網址為http://regisbonvicino.com.br/，也可以於跨文化詩歌網站PennSound上找到他的個人主頁。

Régis Bonvicino was born in 1955. He lives in São Paulo, Brazil. He has written twelve books of poetry, translated several works, and co-edited an anthology of contemporary Brazilian poetry for the US market. His work combines an intense, sprung lyricism with an engagement with the artifice of poetic construction. His poems are filled with the imagery of nature, but also the dystopia of urban spaces, especially São Paulo. Among his many publications are *Até agora* (*Until Now*), a volume of collected poems; *Página órfã*, *Ossos de borboleta*, *33 poemas*, *Más companhias*, *Remorso do cosmo*, *Numzoológico de letras*, a children's book; and *Entre* (*Between*), which includes illustrations by Susan Bee, Hamra Abbas, José Irola and Tatjana Doll. English translations of Bonvicino's work by many hands, from Michael Palmer to Robert Creeley, are collected in *Sky Eclipse*, published by Green Integer in 2000. Bonvicino has edited and translated Oliverio Girondo's work and books by Jules Laforgue, Robert Creeley, Charles Bernstein, Michael Palmer, Douglas Messerli, and the Chinese poets Bei Dao and Yao Feng. He also edited the correspondence of Brazilian poet and novelist Paulo Leminski and is especially engaged with the work of the Brazilian poets Oswald de Andrade, Carlos Drummond de Andrade, Murilo Mendes, Decio Pignatari, and João Cabral de Melo Neto. Bonvicino is director, along with Charles Bernstein and Odile Cisneros, of *Sibila* journal and has authored pages at regisbonvicino.com.br and PennSound.

出版 Publisher
香港中文大學出版社 The Chinese University Press

封面及平面設計 Cover and Graphic Designer
朱德華 Almond Chu

製稿及分色 Art Work and Colour Separation
明星鐳射分色有限公司 Star Laser Graphic Co. Ltd.

印刷 Printer
宏亞印務有限公司 Asia One Printing Ltd.

出版日期 Date of Publication
二零一一年十月 October 2011

國際書號 ISBN
978-962-996-514-3

香港國際詩歌之夜2011主辦單位
International Poetry Nights in Hong Kong 2011 Organizers

香港中文大學東亞研究中心
Centre for East Asian Studies, The Chinese University of Hong Kong

香港城市大學人文社會科學院
College of Liberal Arts and Social Sciences, City University of Hong Kong

香港科技大學人文社會科學學院
School of Humanities and Social Science,
The Hong Kong University of Science and Technology

香港國際詩歌之夜2011協辦單位
International Poetry Nights in Hong Kong 2011 Co-organizer
木刻文化出版有限公司 MUKE Publishing Limited